TRATADO DE LA AMISTAD

hablando sola® drz

Copyright © 2019 by Daniela Rivera Zacarías
All Rights Reserved

© 2019 by Ediciones Urano, S.A.U.
Plaza de los Reyes Magos 8, piso 1.° C y D – 28007 Madrid
www.mundopuck.com

© 2019 by Ediciones Urano México, S.A. de C.V.
Ave. Insurgentes Sur 1722-3er piso. Col. Florida.
Ciudad de México, 01030. México.
www.edicionesuranomexico.com

ISBN: 978-607-748-183-6

1ª edición: junio 2019.

Fotocomposición: Ordinal S.A. de C.V.
Armado de cubierta: Ordinal, S.A. de C.V.
Todas las imágenes con derechos reservados propiedad de Hablando Sola ® / Daniela Rivera Zacarías.

Código BIC: YXL		Código BISAC: JNF053050	
Nube de tags:			
Amistad	Felicidad	Inspiración	Relaciones interpersonales

Impreso por: Editorial Impresora Apolo, S.A. de C.V.
Centeno 150-6. Col. Granjas Esmeralda. 09810. Ciudad de México.

IMPRESO EN MÉXICO – PRINTED IN MEXICO

DANIELA RIVERA ZACARÍAS

MEJORES AMIGAS PARA SIEMPRE

hablando sola®

✕ PUCK

Argentina — Chile — Colombia — España
Estados Unidos — México — Perú — Uruguay

Aunque este libro es exclusivamente sobre la amistad entre mujeres, quiero dedicarlo a mi mejor amigo: mi esposo, Pepe.

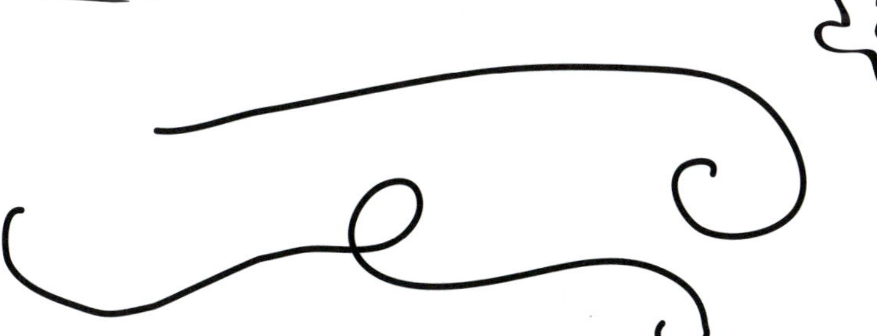

Cuando se trata de amistad,
lo mismo es ser que hacer.
La que es amiga,
lo es siempre,
está siempre.

UNO

"en el nombre"
de la
AMISTAD
aquí estoy
Te apoyo
"Nada nos puede Romper"

Es importante hacerles saber a todas las que han abierto este libro, que la Amistad es lo único en el mundo que podemos escoger libremente, o que quizá nos escoge a nosotras. Casi todo en la vida llega por algo. Las amigas llegan por ti y para ti.

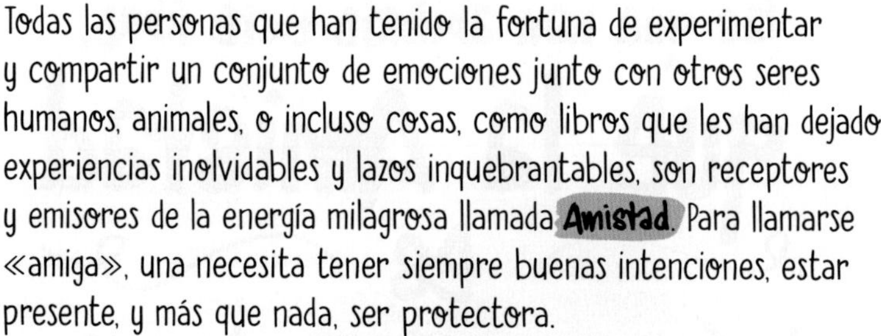

Todas las personas que han tenido la fortuna de experimentar y compartir un conjunto de emociones junto con otros seres humanos, animales, o incluso cosas, como libros que les han dejado experiencias inolvidables y lazos inquebrantables, son receptores y emisores de la energía milagrosa llamada **Amistad**. Para llamarse «amiga», una necesita tener siempre buenas intenciones, estar presente, y más que nada, ser protectora.

Cuando una tiene buenas intenciones, quiere lo mejor para su mejor amiga y todo lo que hace para ella o por ella es por su bien. Estar presente no significa necesariamente estarlo físicamente todo el tiempo, sino estar en el momento indicado, escuchando y poniendo atención, aunque una esté lejos, pues por fortuna nos tocó vivir en una época en la que la tecnología nos permite enviar nuestro cariño con sólo dar un *clic*.

Ser protectora es tratar de evitar que una amiga caiga en malos hábitos, en relaciones destructivas o en situaciones peligrosas. No siempre es posible evitarle el dolor a una amiga, las lágrimas, ni los malos ratos, pero siempre hay que quedarse satisfechas sabiendo que se ha hecho todo lo posible.

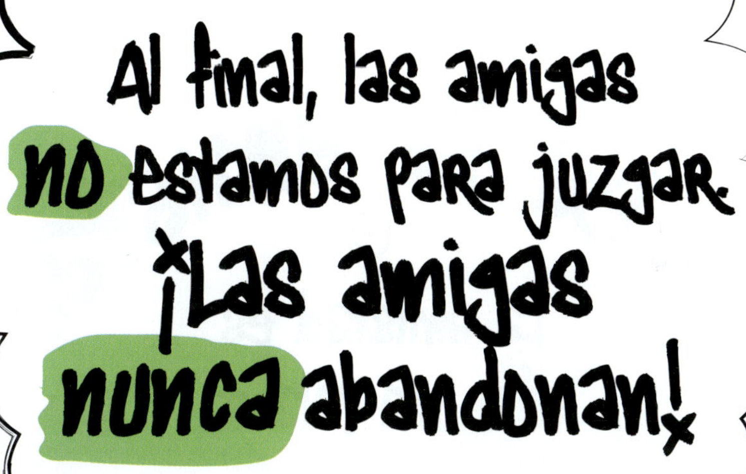

Al final, las amigas
NO estamos para juzgar.
¡Las amigas
nunca abandonan!

¿Qué es la amistad?

La amistad es
sólo una palabra

Lealtad

Así es, la lealtad y la amistad
van de la mando
como

la sal y el limón,

las fresas con crema,

el café con leche...

Es imprescindible aclarar que las amigas somos ramas de un mismo árbol, todas estamos unidas **por un bien común.**

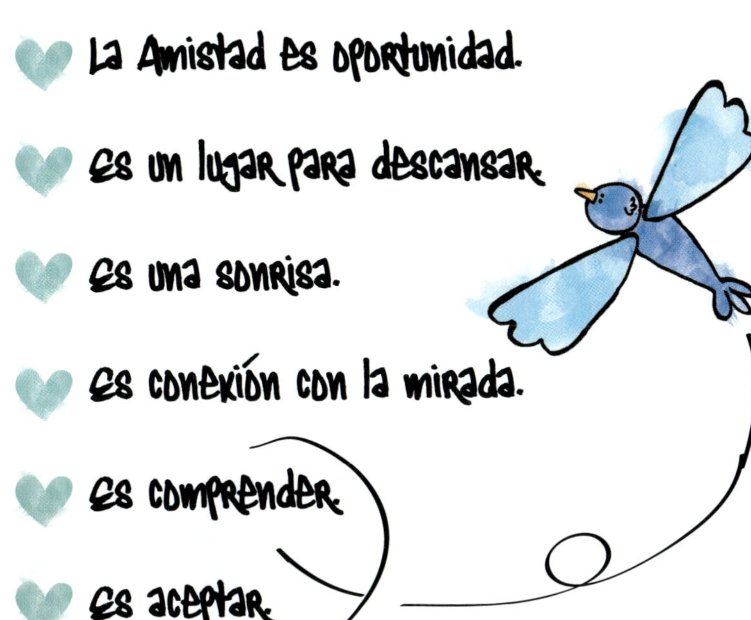

- La Amistad es oportunidad.

- Es un lugar para descansar.

- Es una sonrisa.

- Es conexión con la mirada.

- Es comprender.

- Es aceptar.

- Es no tener que decir nada.

- Es no tener que hacer nada.

- A veces es aguantarse.

- Siempre es perdonar.

- Es un día.

- Es toda la vida.

- Es la sorpresa de un de repente.

TR

el ta

buena

es

ctor
onda

Claro que eres buena onda, si no fuera así, no te hubiera interesado este libro. Pero en el caso de la amistad me refiero a **Buena Onda** tipo ¡echarle ganas!

Todas las relaciones duraderas son fruto del esfuerzo. Con las amigas también hay que tener detalles, como acordarnos de las fechas importantes, subirles el ánimo cuando un corte de pelo no les quedó como esperaban, y más que nada tratar de entenderlas y quererlas cuando menos lo merecen, porque seguramente es cuando más lo necesitan.

La amistad no es tan fácil como parece. No porque te lleves increíble con alguien significa que todo irá viento en popa, estamos hablando de una relación entre humanos y sin la buena onda, temo decirte que sólo será temporal.

Escribe aquí por qué crees que eres buena onda con tus amigas y qué detalles te hacen tener a las mejores amigas:

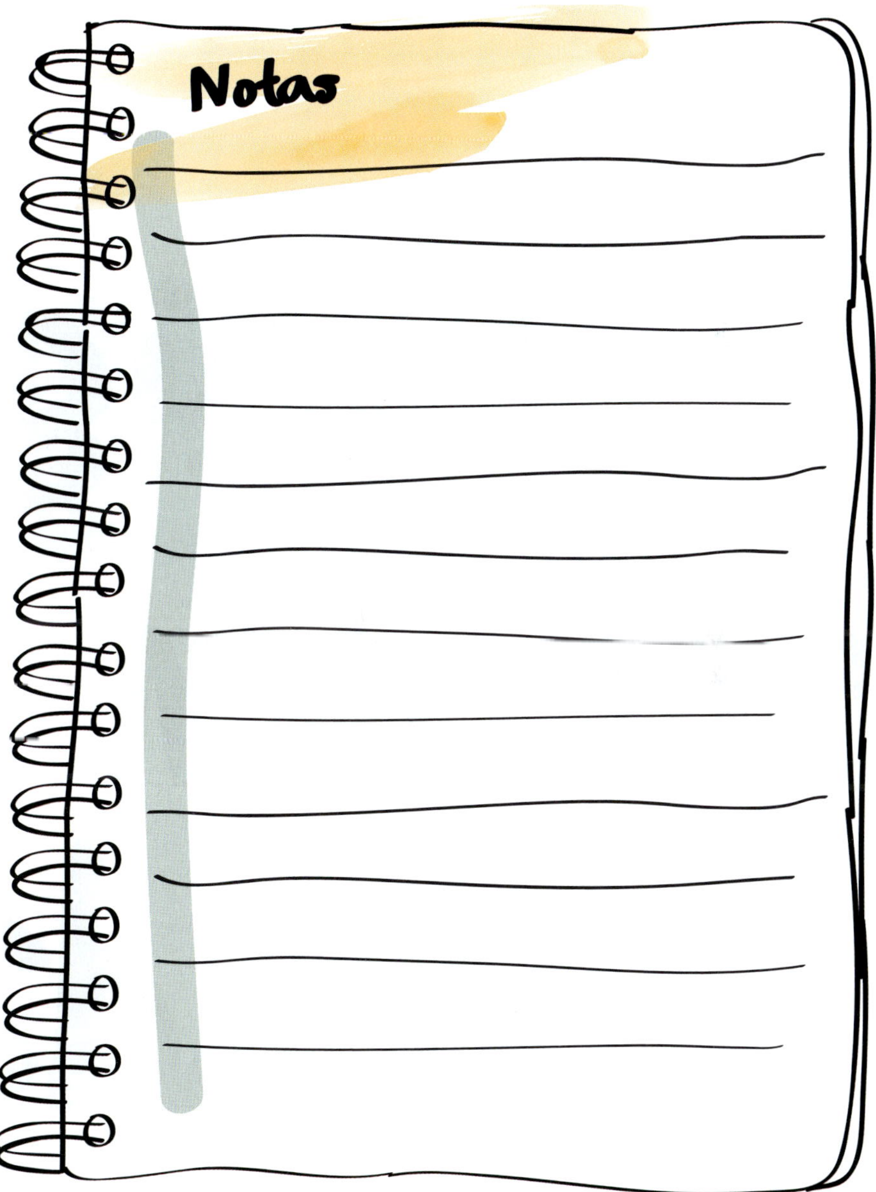

> CUA

Seis
que dan l
verda

TRD

señales

as amigas

deras

las amigas son los sillones cómodos de la vida, las puertas que no pesan, los paraguas de colores, las chispas de chocolate en las galletas, las almohadas de plumas, los calditos de pollo cuando hace frío, las curitas para un raspón, las botellas de agua helada en los días de mucho calor. las amigas son la mantequilla en las palomitas, el espray para el pelo y el segurito para el botón que falta en tu blusa favorita. Son el sol que sale cuando para de llover. Todas juntas son el arcoíris.

una verdadera amiga va más allá del apoyo incondicional en los buenos y en los malos tiempos, pues te entiende y sabe quién eres y qué quieres ser
una verdadera amiga

Éstas son las seis señales que indican si una amiga es verdadera, según Alain de Botton, un filósofo que me encanta:

Confían en ti

Muestran cuánto confían en ti al confesarte sus fallas y tristezas. Se presentan vulnerables, lo que te permite ser vulnerable a cambio.

Te quieren por tu verdadero yo

Nadie es perfecto. Tal vez haces ruidos extraños cuando comes, o rara vez te acuerdas de fechas importantes. Sea lo que sea, una verdadera amiga te quiere y te busca no a pesar de ello, sino porque eso es lo que te hace ser tú. No te juzgan.

3 Te dan tu espacio

Cuando te pones nerviosa, estás frustrada y no puedes mantener la calma, una verdadera amiga está ahí para ayudarte, pero sin agobiarte.

4 Son un faro cuando te pierdes

En los días o semanas en las que no estás segura de nada en tu vida, tu verdadera amiga te escucha. Hay momentos en los que no le encuentras sentido a ninguna cosa, pero tu verdadera amiga sabe quién eres y está ahí para apoyarte.

5 Te recuerdan de lo que eres capaz

A veces, tu autoconfianza se estrella. Puedes dudar de tu capacidad para correr un maratón para el que has estado entrenando, o puede que sientas que nunca obtendrás esa promoción de trabajo y ni siquiera deseas postularte. Cuando eso sucede, una verdadera amiga está allí con el amor y el apoyo necesario para empujarte a hacer lo que sabe que eres capaz de hacer.

Creen en ti

La verdad es que a menudo no somos muy buenas amigas de nosotras mismas: nos centramos en nuestros defectos, nos castigamos por nuestros errores y nos sentimos ansiosas porque pensamos que no hacemos lo suficiente con nuestras vidas. Nuestras verdaderas amigas confían en nosotras, nos consuelan, nos comprenden y nos fortalecen, incluso, y especialmente, cuando no podemos hacer ninguna de esas cosas por nosotras mismas. Es su fe en nosotras lo que nos hace seguir adelante, aun cuando no están ahí para consolarnos.

¿Cómo saber si una amistad es auténtica?

Muchas personas usan el término «mala amistad», pero no existe tal cosa. La **Amistad** es o no es.

Una amiga te inspira confianza.

Te ayuda.

Te apoya.

Te necesita.

Te da sin pedir nada a cambio.

Te recuerda lo increíble que eres.

No te juzga. Te apoya.

Te comprende.

Te hace llorar. Te hace reír.

Te regaña.

Te abraza.

Te consuela.

Te dice: «¡Te lo dije!», pero igualmente te entiende. Y si no te lo dice, en el fondo lo piensa y sólo te abraza.

Te lleva al aeropuerto, sin importar si es muy temprano.

Te recoge en el aeropuerto, sin importar si es muy tarde.

Te defiende.

Te respeta.

Reconoce cuando te ves muy bien, y te lo dice.

Cuando algo no te queda bien, te lo dice sin herir tus sentimientos.

Te cambia para bien.

Te limpia un moco
cuanto te ve llorar.

Nunca te traiciona.

Jamás te olvida.

Nunca jamás
la olvidas.

Te enseña muchas cosas.

No te da la espalda.

TE PRESTA DINERO.

TE INVITA cuando tú NO puedes pagar.

También te invita aunque SÍ puedas pagar.

TE REGALA la pulsera que le chuleaste.

NO te abandona.

A veces
te queda mal,
pero lo reconoce
y te pide perdón
mil veces
si es necesario.

Te regala justo
lo que quieres.

Te conoce
mejor que tú.

Jamás te miente.

Te da seguridad.

Te busca.

Te encuentra.

Hará todo esto mientras esté viva.

Se

Am
incond

19

DR
icional

Hay muchos tipos de **Amistad**, pero únicamente existe un lazo que lo une todo y es el amor auténtico e incondicional.

el amor auténtico es sinceridad por encima de todo.

Me he dado cuenta de que la **verdadera Amistad** es como esos juegos de feria en los que tiras los aros hacia las botellas, y en una de esas le atinas. las «amigas amigas» no se dan tan fácilmente, pero si el Universo quiere que conozcas a alguna, a ésa que está hecha justo a tu medida, ten por seguro que la encontrarás cuando menos lo esperes, pase lo que pase, en el momento en el que la necesites.

Todas las estrellas
y todos los planetas
se alinean para que en algún momento
las amigas se miren
y con una SONRISA,
pacten un acuerdo de
Amistad
para toda la vida.

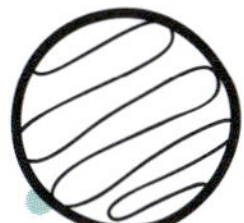

TODO TIPO de AMIGAS

PERO...
¿Quién soy yo para hablar de
lo que es una verdadera amistad,
cuando muchas de mis amigas dicen
que nunca me dejo ver?

Alma

Las amigas **Alma** son muy fieles y nunca te darán la espalda, aunque rara vez irán contigo a las fiestas de los más «populares», porque las Alma son solitarias y aman su soledad. Pero eso no quiere decir que seamos aburridas, ¡no!, todo lo contrario, somos un conjunto de sorpresas y palabras inesperadas.

En una de ésas, tu amiga **Alma** te puede cambiar la vida (¡para mejor!). Unos consideran a las amigas **Alma** un poco duras porque tienden a ser muy sinceras, y a veces no se detienen a pensar que su franqueza podría ser innecesaria en ciertas ocasiones.

LUZ

Está la amiga que llega de repente, que parece que la conociste en otra vida y que quedaron de verse en ésta.

Jamás te abandonará, hagas lo que hagas, y siempre estará presente en cuerpo y espíritu, aunque tú no lo estés.

Sus ojos te lo dicen *todo*.

Ella es una amiga **Luz**: mi amiga Ana.

las amigas **LUZ** te iluminan, te guían y te protegen. Son un poco como mamás, pero más jóvenes. A veces te desesperan porque siempre quieren decirte cómo hacer las cosas, pero no lo hacen por mal, es que realmente lo hacen mejor que tú.

Una amiga **LUZ** irá contigo hasta el fin del mundo, es más, ten por seguro que ella ya se habrá adelantado para esperarte con los brazos abiertos. No sé qué tienen las amigas **LUZ** que, casi siempre, lo que dicen es lo que pasa. Confiarán en ti con los ojos cerrados, aun cuando tú no confíes en ti misma.

Mi amiga Ana llegó a mi vida un día, por ahí de las 8:30 de la mañana en la clase de Religión. Estoy casi segura de que era febrero porque me presumió lo que le había regalado su novio en el famoso Día del amor y la amistad.

—¿A ti qué te regaló tu novio? —me preguntó.

—¡A mi novio se le olvidó! —respondí.

Ella se rio, y yo me reí. Ahora que lo pienso, es curioso que nos conociéramos en ese día.

Creo que las amigas **Alma** y las amigas **LUZ** se complementan porque son un poco como el *yin* y el *yang*.

Burbuja

Cuando la amiga de una muy buena amiga se convierte inesperadamente en tu amiga del alma, ha llegado a tu vida una amiga **Burbuja**. Se siente raro al principio, porque pensarías que es como poner el cuerno, pero no, es simplemente cosa del destino: tenía que llegar de esa manera.

Esas amigas son muy divertidas, siempre sobresalen tanto, que así es como se dan a conocer. Son chistosas y despiden una energía muy positiva, tienen un magnetismo único y tienden a ser escandalosas.

Ésta es mi amiga Irene. No llegó a mi vida a través de otra amiga, sino gracias a mi hermana, que es una de mis mejores amigas.

Las amigas **Burbuja** son transparentes y se adaptan a casi todo. Son bastante volubles, pero cuando se trata de darlo todo por una amiga, son las primeras. Mantienen siempre su palabra y llevan con ellas cierta luz que irradia miles de colores, como los de una burbuja de jabón.

Una amiga **Burbuja** no sabe mentir, pero está llena de secretos y sorpresas; su fuerte es hacerte reír, a veces hasta hacerte pipí. Lo más chistoso es que, a pesar de ser una botana, también es muy inteligente y creativa, y por más misteriosa que quiera ser, sus colores siempre la delatan.

Las amigas **Burbuja** te harán sentir que eres la amiga más importante que tienen, pero no serás la única, lo hacen con todas las amigas a las que quieren mucho.

No son falsas, es que cuando están contigo, (realmente) eres lo más importante para ellas.

Relámpago

Hay amigas que van y vienen, como mi querida amiga Tere, quien casi nunca se queda por mucho tiempo, pero el tiempo que se queda es inigualable. Es como si tuviera una alarma interna que le indica que ya es hora de irse para dejarte con ganas de más.

Las amigas **relámpago** son especiales; tan especiales que sólo te dan su amistad en dosis pequeñas, y no porque crean que valen más, sino porque el universo lo sabe y necesita distribuir inteligentemente el tiempo de estas personas.

Van por la vida con las manos llenas de regalos y cariño, son parte del ecosistema; sin ellas el mundo no giraría en la dirección correcta. Si las ves desde lejos, se camuflan con el medio ambiente, pero las pocas personas que tenemos la suerte de poder tenerlas muy cerca logramos ver y experimentar su verdadera esencia.

Tengo que admitir que yo misma, por épocas, soy **RELÁMPAGO**, pero no creo que sea porque soy tan especial, lo que pasa es que soy medio bipolar (bajo mi propio diagnóstico), claro.

Cristal

Ten mucho cuidado con las amigas **Cristal**, ¡porque las tienes que tratar con pinzas! Son maravillosas, pero basta con que digas algo que les entre por el lado equivocado y te lo van a recordar hasta la muerte.

Ah, pero si alguien te hace algo malo, ponen a esa persona en su lista negra, y aunque tú perdones a quien te hizo daño, ellas jamás olvidarán que por un momento te robaron tu felicidad.

Son tan buenas amigas que adoptan tus tristezas y corajes para que tú te liberes de esas emociones negativas. Las amigas **Cristal** son impecables con su vestimenta, todo está a la perfección, son superesplendidas y lo dejan todo por ti, si las necesitas.

Tienden a pensar en voz alta, comparten su alma, pero jamás su botella de agua. Son transparentes y brutalmente honestas, su risa funciona como una vitamina, son capaces de quitarte la depresión en una tarde. Son protectoras.

Tengo una amiga así, se llama Nora. Jajajajajaja: ¡Nora la protectora!

Modelo

Tengo una amiga **Modelo**, y no porque todo lo haga bien, sino porque de verdad parece modelo de pasarela. Y a parte es buena onda, ¡no se cree mucho ni es presumida!

Es extraña la convivencia con esta *top model* casera porque la mayoría de las veces te opacará con su presencia física, pero no te importa, no sientes envidia, porque su buena vibra ¡te hace sentir que tú eres más guapa que ella!

Si te gusta algo que trae puesto, te lo regala, es muy detallista. Tiene humor negro, pero es muy cariñosa cuando quiere. Te dice «te quiero» cada vez que te ve, pero porque sabe que probablemente te cancelará cualquier plan que hayas hecho con ella ese día, y como no es sentida, cree que las demás tampoco lo somos.

Amo a mi amiga Vanessa, también es medio **Relámpago**.

Las amigas Alma hacemos el **match perfecto** con las Modelo, ¡porque si no cancelan ellas, cancelamos nosotras!

¿Nunca te ha pasado que conoces a una versión de ti en otro cuerpo, con otra cara y más pelo, que comparte contigo tus ideas locas e incoherentes? ¡la convivencia cuando estás con esta amiga es tan irreal y divertida que sólo ocurre en series animadas tipo *El asombroso mundo de Gumball*!

Éstas son las amigas **Eco**. la creatividad mezclada con el sentido del humor son el común denominador en ellas. A veces dicen cosas que sólo a ti se te podrían ocurrir con tu mente única y rara. Es como si tú lo pensaras y ellas lo dijeran, o al revés.

Mi amiga Olga, que vive muy lejos, es ese eco que a veces escucho cuando hago algo un poco ridículo y no hay nadie que me comprenda. Lo chistoso es que este tipo de amigas no dan a conocer su interior tan fácilmente, pero su presencia es total.

Si les hablas, te ponen tanta atención que ni siquiera parpadean. Si van contigo a un sitio aburrido, el lugar se convierte en tu favorito, sólo porque tu amiga **eco** tiene poderes que transforman lo más equis en algo extraordinario.

Si tienes una amiga ECO, llévala a una cirugía, te divertirás tanto ¡que querrás operarte de nuevo!

 Goma

«la distancia es un obstáculo en una verdadera amistad», ¡dijo nadie nunca!

las amigas Goma llegan inesperadamente y sin ningún complejo alguno, empiezan a actuar como si hubieran estado ahí toda la vida. Desde que las conociste sabías que algún día les darías un abrazo de despedida, o dos, o tres, pero que jamás se separarían en realidad.

Es curioso, pero la mayoría de las amigas Goma cuentan con unas manos especiales. ¡Sí, manos! Como si tuvieran el poder de alcanzar cualquier cosa que se proponen.

drz

Sylvana

Son increíblemente creativas y perfeccionistas, y como la mayoría de las veces quieren todo a su manera, se podría decir que son un poco mandonas, pero se salen con la suya porque te contagian su buen humor y su carcajada única.

El cariño **goma** se compone de todas las características de los materiales elásticos: se estira, se amolda, rebota, luce miles de colores diferentes y no hay fuerza que lo rompa. Mi amiga Sylvana está en Chile, pero también está aquí .

Parece que las amigas goma pueden estar en dos lugares al mismo tiempo.

Amigas Increíbles

Creo que soy una amiga **Alma**, pero a la vez tengo en mí un poco de **Luz**, **Burbuja**, **Relámpago**, **Cristal**, **Modelo**, **Eco** y **Goma**, si no, ¿cómo podría llevarme tan bien con todas ellas? Siempre he creído que los opuestos se atraen, pero en la amistad tienen más fuerza las similitudes.

Si crees que tienes una amiga con otras características que no he mencionado ¡descríbela y ponle un nombre original!

Notas

Tipo de amiga: _______________________

Características: _______________________

____

____

____

Anécdota divertida con tu amiga: _______

____

____

____

¿Cómo se complementan juntas? _________

____

____

____

____

____

____

nu

Relacio

parecen

eve

nes que
amistades

Cuando la desilusión y el coraje son más comunes que la ilusión y las buenas intenciones, entonces no se trata de una verdadera amistad.

Dicen que hay amistades tóxicas, pero yo no lo creo, porque, como mencioné antes: la amistad es, o no es.

Existen relaciones tóxicas que podemos confundir con amistad.

Una *amiga* tóxica te drena el alma. No sabe apartar sus emociones negativas de sus actividades. Cualquier sentimiento negativo que lleve dentro, lo aplica a todo lo que dice y hace.

Al final, esta persona comienza a adherirse a ti como hacen los imanes que se atraen; el negativo se pega al positivo y, desgraciadamente, comienza a tener efectos negativos en ti. Es mejor juntarse con los imanes positivos que no se te pegaran porque no dependen de ti, y sólo te llenan de energía positiva que te mueve hacia mejores experiencias.

Siento un poco feo etiquetar a una persona como «tóxica» porque de alguna manera todas somos consecuencia de otros, simplemente hay quienes no trabajan en su persona y al dejar que sus problemas se desborden, salpican a quienes están a su lado.

Trata de evitar a estas personas que no se quieren ayudar porque por más que quieras, tú no podrás lograr lo que ellas no quieren hacer por sí mismas.

la amistad es una decisión, por eso debe ser siempre buena para la salud emocional.

Escoge verdad, nobleza, admiración. Pégate a personas que te hacen reír y que hacen cosas que te dejan con la boca abierta. Elige experiencias que te hagan crecer, porque no todas las amigas viven una vida color de rosa y a veces eres tú a la que escogen para llenarse de lo bonito.

Una buena y verdadera amistad no siempre se trata de: «HOY POR ti, mañana por mí».

Se trata de: «Hoy por ti, mañana por ti, y no te preocupes, algún día será por mí». Y viceversa. Cuando existe cariño auténtico, no es natural llevar la cuenta de lo que una amiga hace por otra; las cosas se van dando conforme se va dando la vida, y punto.

Si vas a pedir algo a cambio de **todas** las veces que haces algo por tu amiga, quizá debas cuestionar tus **intenciones**.

Intención: la semilla de toda relación.

DIEZ

Viejas amigas

Conocemos a algunas amigas de toda la vida, desde que somos muy pequeñas, y precisamente por eso son para siempre, porque esta amistad nace de la parte más pura que tenemos: la **inocencia**.

Cuando somos niñas, somos auténticas, no pretendemos nada y nuestra intención está libre de interés. Cuando eres niña, te acercas a otra porque te parece divertida, porque te gusta lo que está haciendo, porque quizá quieres lo que tiene en la mano, o simple y sencillamente, te sonrió y te cayó bien. Somos muy directas porque todavía no sabemos de cosas como: ser *políticamente correctas*, ser *educadas*, o tener *tacto*. No tenemos expectativas y desde el principio nos aceptamos tal como somos.

Once

nuevas amigas

La vida siempre te va a mandar nuevas amigas, aun cuando pienses que ya tienes todas las que necesitas. La amistad es un poco como una uña, o un pelo: lo cortas, pero crece de nuevo; lo vuelves a cortar, y crece de nuevo. Aunque quieras, jamás te podrías quedar sin amigas.

Hay momentos en que frente a ti hay una probable amiga, y no sólo eso, sino una probable amiga para toda la vida. O también podría ser una probable amiga que te presente a ¡tu futura pareja! Me podría seguir y seguir con los ejemplos, porque, ¿sabes qué?

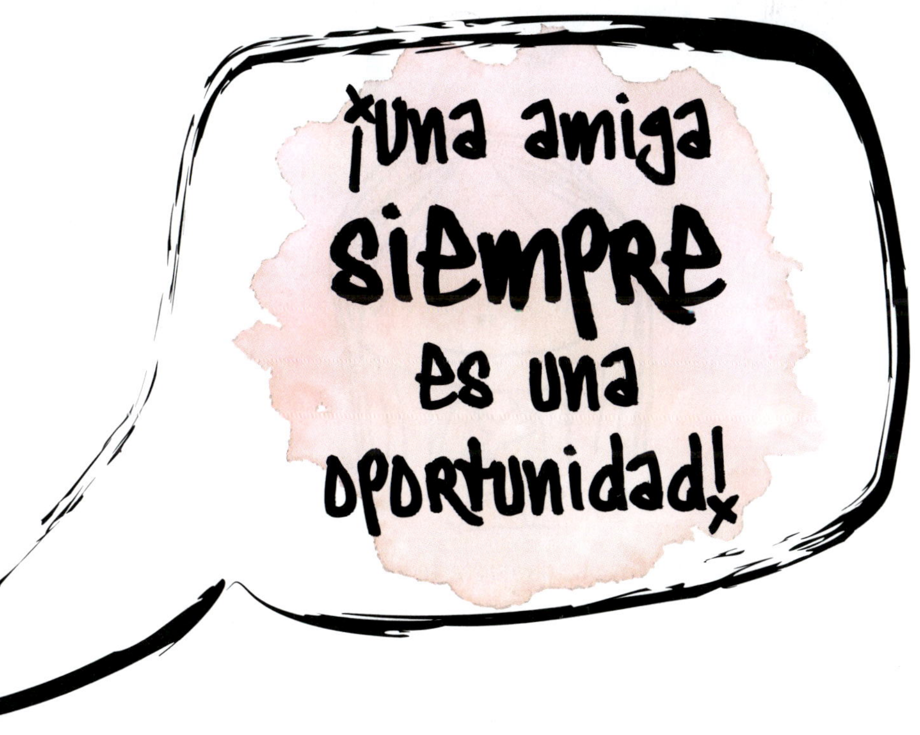

DOCE

Amigas, ¿para qué?

A lo mejor eres de esas que no quiere tener amigas porque te gusta mucho estar sola. ¡Conozco a alguien así! Disfrutas tanto tu espacio, que te cuesta compartirlo con alguien más. ¡Seguramente hablas sola!

No creas que es bueno para la salud ser tú, tu única amiga. Además, faltaría ver si eres una buena amiga contigo misma. Probablemente no lo eres, porque te juzgas mucho, te exiges mucho y a veces ni siquiera reconoces tus cualidades. ¡Y es por eso que las amigas son tan necesarias, para que hagan el trabajo que a veces no podemos hacer nosotras solas.

Si eres solitaria y te da pereza ser amiga porque requiere de esfuerzo y de una que otra sonrisa, piensa que llegará el día en el que estarás viejita y lo único que tendrás serán tus recuerdos. Los momentos con las amigas son los que nos hacen sonreír y creo que también tienen un poder curativo. Por ahí dicen que las que hacen mucha vida con amigas, son las que viven más.

vasos medio llenos y medio vacíos

Están las amigas que ven el vaso medio lleno (optimistas) y las que lo ven medio vacío (pesimistas). ¿Tú cómo ves el vaso?

Sobra decir que las que lo ven medio lleno son las que siempre te van a levantar el ánimo en los momentos más difíciles de tu vida, y las que lo ven medio vacío, le verán algo negativo a casi todo.

Yo veo el vaso medio vacío, pero no por ser negativa, sino todo lo contrario. No soy conformista. En pocas palabras: aspiro a más.

Existimos también las que no vemos las cosas como las ve *todo* el mundo y tenemos nuestras propias definiciones, que además tienen sentido. Júntate conmigo para que puedas decir que tu amiga no es ni pesimista, ni optimista, ni conformista, es *mediorrarista*, ¡pero divertida!

MEdiORRARista:
palabra inventada por la desesperación de no encajar en ninguna de las opciones, ni optimista, ni pesimista, ni conformista.

Si tú tiendes a ver las cosas más hacia lo negativo, piensa por qué eres así. ¿Será que prefieres mirar lo peor de todo para no decepcionarte después? Quizá, muy en el fondo, eres positiva y tu pesimismo es un escudo. A lo mejor simplemente no eres feliz, y si es así, es hora de ver por qué.

Estoy segura de que si encuentras lo que te ilusiona en la vida, tendrás tu propia versión del vaso, así como yo. En cuanto sepas tu versión del vaso medio lleno o medio vacío, escríbelo aquí y serás una *mediorrarista* oficial.

Si eres de las que ve lo positivo en todo, ¡qué maravilla! Yo quiero ser tu amiga, o mejor dicho: ¡quiero que tú seas la mía!

Si tienes una amiga que se queja de todo y te pega su amargura, trata de ayudarla recordándole todo lo bueno que tiene; para empezar: tu amistad. Quizá no es feliz y necesita encontrar su pasión en la vida. Invítala a ver películas como *La vida es bella*, de Roberto Benigni, o *Cadena de favores*, con Haley Joel Osment, el mismo actor de *El sexto sentido*.

Acuérdate de que, igual que el optimismo, el pesimismo también es contagioso, y si ves que en lugar de que tú le pegues tu buena onda, se te está pegando lo negativo, corre para el otro lado; quién sabe si sea mejor ver esta amistad desde las redes sociales, donde el mal humor y las quejas son bastante populares.

CATORCE

¿Ser o no ser?

«la que esté libre de pecado, que tire la primera piedra». Todas hemos tratado de ser quienes no somos para caerle bien a los demás, y digo *tratado* porque no dura mucho la farsa. Sí, es una farsa y es agotadora. Tuve una época en la que dejaba de ser *yo* porque quería ser aceptada por un grupo de niñas *cool* que eran muy populares en el colegio. Hacía y decía cosas que no iban conmigo, pero que por momentos me hacían sentir como si fuera una de «ellas». Si te pones a pensar, eso era lo más tonto del mundo, primero porque no ser *yo*, significaba que en realidad no me conocían, no tenían idea de mi verdadera personalidad, y mucho menos de mi esencia. ¿De quién eran amigas? Definitivamente, mías no. ¿Quién quiere ser amiga de alguien que no es genuina?

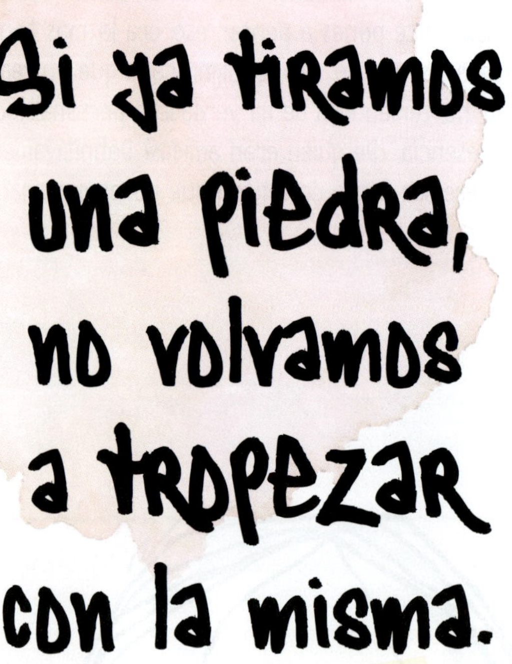

Si ya tiramos
una piedra,
no volvamos
a tropezar
con la misma.

¡POR FAVOR!

No quieras ser como otras chicas sólo para caerles bien, es mucho más divertido e interesante ser diferente, sobre todo cuando estás siendo cien por ciento *tú*. A veces queremos imitar a algunas amigas que comparten su sabiduría con nosotras y que nos dejan con la boca abierta cuando las vemos desenvolverse con tanta seguridad en el mundo. ¡Eso no está mal! Imitar a alguien que admiras te puede ayudar a desarrollar tu propia seguridad. Acuérdate que todo se pega: lo malo y lo bueno.

¿Quieres tener verdaderas amigas, con las que realmente te diviertas haciendo lo que en serio te gusta?

¡Sé tú misma!

Si ves que nadie quiere juntarse contigo, lo más probable es que seas la más interesante entre muchas, y como nadie comprende tu singular personalidad, es difícil que se acerquen a ti, pero ten paciencia, existen otras chicas igual de interesantes, como tú, que a lo mejor están ocupadas queriendo ser alguien más. Dales tiempo, o acércate tú, ¡a lo mejor es justo lo que necesitan!

QUINCE

Tus 875 amigos

Hablando de redes sociales, ¿A quién sigues?
¿Quién te da «me gusta» y a quién le comentas?

Si te pones a pensar, el preámbulo a todo tipo de amistad sigue los mismos pasos de la dinámica en las redes sociales.

💜 **Primer paso**: buscar.

💜 **Segundo paso**: seguir.

💜 **Tercer paso**: hacerle saber que te gusta o te cae bien.

💜 **Cuarto paso**: entablar una conversación.

La diferencia es que en Facebook o Instagram puedes hacer todo esto sin ver a tu «amiga» a la cara, y por lo mismo, si no se te antoja responder a su comentario, no lo haces y no pasa nada.

Imagínate si en la vida real te topas a esa persona en la calle. ¿Serías capaz de no contestar o seguirte de frente sin saludar?

DIECI

Amistad ciberné

La amistad cibernética es como dice el refrán que se refiere a los que están ingresados en un manicomio: «Ni son todos los que están, ni están todos los que son». Es curioso cómo sin pensarle mucho comparé las redes sociales con un manicomio.

Hay personas con las que sólo compartes un encuentro virtual y que no ocupan espacio real en tu vida. Puedes acumular miles y miles de estos *amigos*, uno encima de otro, sin causarles ningún tipo de daño.

séis

No tiene nada de malo tener muchos *amigos* en las redes, el problema es cuando sustituyes a los reales por los que comentan tus fotos.

DIECISIETE

Virtual vs. Real

Gracias a la tecnología podemos expresarnos y compartir nuestros pensamientos al instante. Eso para mí es increíble, y no sólo me encanta, creo que ya no podría vivir sin compartir con todos en mis redes sociales que:

Poder apoyarnos unas a otras desde diferentes partes del mundo es algo muy poderoso. Poder chatear con alguien más, a quien le gusta la pintura como a ti, y vive al otro lado del mundo, es como **demasiado increíble**.

Pero nada en este mundo puede reemplazar a la amiga que te conoce sin tener que enterarse de lo que haces a través de tus redes sociales, a la que llamas cuando necesitas una bolsa que convine con tu vestido amarillo, o a la que le mandas un mensaje privado por Instagram y te contesta al instante. ¡NADA!

Veamos a nuestras amistades cibernéticas como complementos o accesorios, tipo collares o pulseras, o hasta un paraguas en época de lluvia. la verdad es que sí nos hacen la vida más amena, ¡sobre todo en el baño o esperando en la fila del banco!

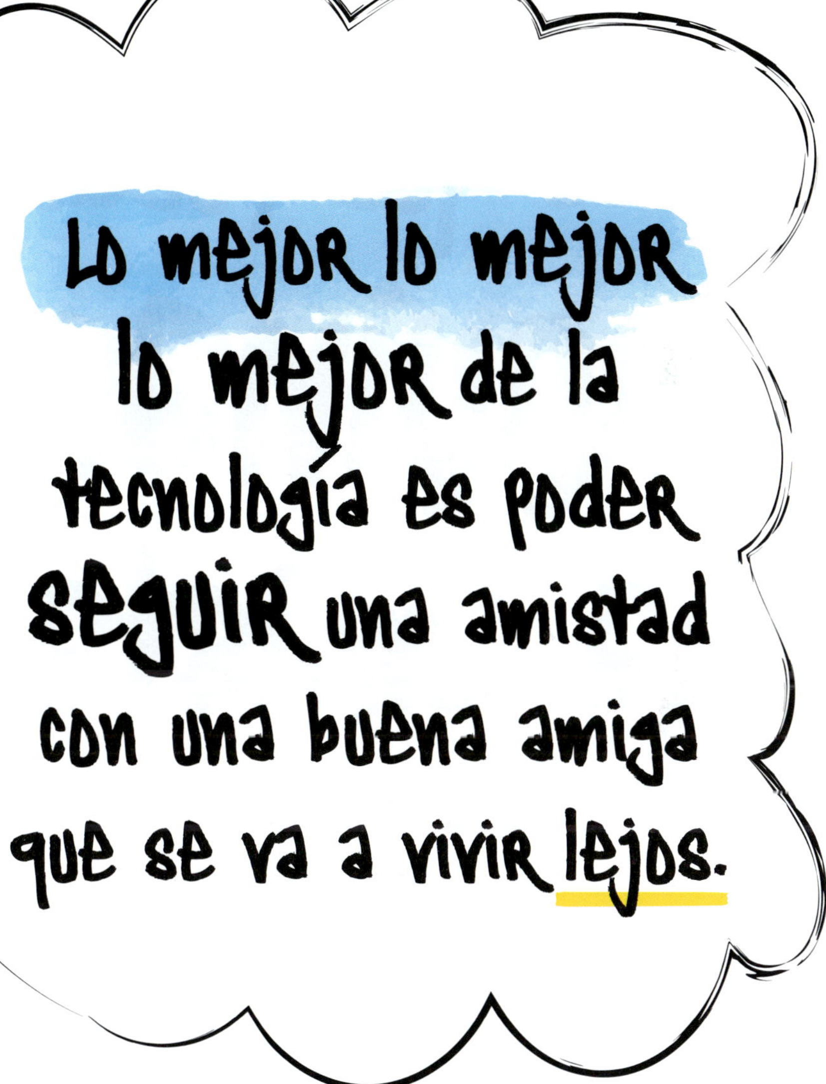
Lo mejor lo mejor lo mejor de la tecnología es poder seguir una amistad con una buena amiga que se va a vivir lejos.

DIECIOCHO

cosas que pueden arruinar una amistad

(como una leche caducada)

no importa qué tán
horrible
sea la realidad,
una mentira
siempre es peor.

(no hay excepciones)

1. una leche caducada

2. usar abrigo en una mañana calurosa y soleada

3. unos zapatos incómodos

4. no encontrar las tijeras cuando las ocupas

5. encontrar un pelo en tu comida.

1. Una leche caducada

(puede echar a perder lo que pudo ser un delicioso pastel, de la misma manera en que arruinas una gran amistad con una mentira.

Las mentiras son el veneno de cualquier relación o de cualquier situación en cualquier parte del mundo. A lo mejor la verdad también acaba por arruinar tu amistad, pero por lo menos sabes que fuiste sincera, y la sinceridad te da una oportunidad para retomar de nuevo la amistad. Cuando le mientes a tu amiga o dices algo que no es cierto, tratándose de ella, has echado a perder el pastel. Si es al revés, y ella fue quien mintió, aclara la situación lo antes posible. Bueno, hay que resolver las cosas de cualquier forma, por el bien de todas.

② Usar abrigo en una mañana calurosa y soleada

te arruina el día de la misma manera en que los celos afectan a una amistad. Está claro que no es el abrigo, ni el calor sino el poco sentido común. Los celos jamás vienen al caso, no tienen sentido, así como un abrigo en pleno verano.

Pero ¿porqué de repente existen la competencia, la envidia y los celos?

A veces hasta las mejores amigas podemos tener estos sentimientos tan negativos que, por más que queremos, no podemos evitar.

¿Cómo puede ser que te de coraje que a tu amiga le den el trabajo de su sueños, o que se case con un hombre guapo y exitoso, o que simplemente tenga un cutis impecable?

¿Cómo puede ser que no te dé gusto? ¡¡¡Claro que te da gusto!!! Peeerrrooooooooooo...

Aquí viene la explicación que toda mujer (*mejor*) amiga debe saber, y una vez que lo sepamos, jamás volveremos a sentirnos culpables por tener estos sentimientos encontrados.

Ninguno de los sentimientos y pensamientos negativos que tienes hacia tu amiga tienen que ver con ella, en realidad todos tienen que ver contigo. Tú no le deseas mal a tu amiga, es más, te sientes feliz por ella, lo que pasa es que tú no te sientes feliz por ti, ni te sientes orgullosa de ti. Toda la negatividad que sientes hacia ti misma tapa la alegría que sientes por tu amiga. Lo que quiero que sepas es que cada vez que tengas ese corajito por una amiga a la que amas, no es que no la adores, es que ¡tú no te adoras!

Para ser una amiga en las buenas y en las malas es muy importante tener un cariño inmenso por ti misma primero, para que no interfieran tus inseguridades en la buena energía de tu amistad. Pero claro, nadie es perfecto y siempre tendremos alguna inseguridad, por eso lo mejor que podemos hacer es juntarnos con amigas que celebran tus imperfecciones y que te ayudan a ser mejor cada día. Acuérdate de que la amistad es una relación y, aparte de que las relaciones no son fáciles, a diario llevas una relación contigo misma antes que con los demás.

Lo que pasa es que el mundo entero cree que la amistad es algo *bonito* las veinticuatro horas del día, trescientos sesenta y cinco días al año. Nadie se atreve a decir todas las cosas malas dentro de una amistad porque la palabra misma es un monumento a la bondad. ¡No señor!

Ser una buena amiga a veces implica desilusionarse, enojarse y todos esos «arse» que existen. ¡Pero no por eso deja de ser amistad!

③ Unos zapatos incómodos

pueden arruinarte una fiesta de la misma manera en que las palabras incorrectas pueden acabar con una amistad muy especial. El mal tacto es tan terrible como una calle congelada: no te das cuenta y de repente sueltas algo que hasta a ti te sorprende. Las palabras son tan poderosas que pueden destruir con la misma fuerza que tienen para enamorar. He descubierto que lo único no tan malo del mal tacto es que se trata de un rasgo muy común en las amigas demasiado buena onda y, aunque cueste creerlo, cuando dicen cosas que no tienen sentido y que nos hieren, lo más seguro es que no lo hayan hecho con malicia.

Así es: como no tienen malas intenciones, no se dan cuenta de las tonterías que pueden llegar a decir en los momentos más incorrectos. Si eres tú la del mal tacto, piensa antes de hablar.

El mundo sería **mucho** mejor si todos usáramos esa parte del **CEREBRO** que funciona como filtro: ¡EL TACTO!

4 No encontrar las tijeras cuando las ocupas

Puede ser tan frustrante como que tu amiga no esté para ti cuando la necesitas. Yo sé que uno debe aceptar a las amigas tal y como son, que no hay que tener expectativas, pero llega un momento en el que una se cansa de ser *la que más dio* (como diría Manuel Mijares en la canción *Poco a poco*).

¡Me declaro culpable! En muchas ocasiones yo soy esas tijeras. Perdónenme, por favor, perdónenme, pero a veces no puedo cortar mi rutina y a mis amigas las pongo en un segundo plano. ¿Qué habré hecho yo en mi vida pasada para tener tan buenas amigas en ésta, cuando yo hago tan poco por ellas? ¡A lo mejor me aguantan porque tengo tacto, soy cero celosa y un poco chistosa! En fin, las amigas somos de carne y hueso, no somos virtuales, hay que estar cuando nos necesitan, y punto.

Pero cuando me necesitan de verdad, siempre llego.

Digo, tampoco hay que SER las tijeras que ves todos los días en el mismo lugar de tu casa cuando no las ocupas. Eso también puede caer gordo.

⑤ Encontrar un pelo en tu comida

es tan horrible como ver a tu amiga *transformarse* en alguien completamente diferente, y todo por alguien más. Mi mamá siempre lo dijo: «Una mala amistad puede arruinar todo el trabajo de vida que hemos hecho tu papá y yo para educarlos». Y no es que tú hayas educado a tu amiga y de repente llega alguien y la cambia, sino que llega alguien con mucho poder de convencimiento y tu amiga se deja impresionar, ¿o tú te dejas impresionar por malas influencias?

No podemos controlar todo, es más, no hay nada que podamos controlar, y menos mandar en la mente de nuestras amigas, pero sí podemos aconsejarlas y no dejar de hacerlo hasta ver que retoman el camino a casa.

Es muy triste ver cómo en un instante una amiga pueda cambiar para mal por juntarse con una mala influencia. Así como la bondad y la felicidad son contagiosas, también la mala onda, y hasta cierto punto pasa más seguido, porque como te dije antes, ser buena en esta vida requiere de trabajo. Si ves que tu esfuerzo por hacerle ver a tu amiga que no va por buen camino no está dando resultados, no creas que no ha valido la pena. Acuérdate que es muy difícil salvar a otras personas, incluyendo a tus mejores amigas.

No somos tan diferentes de los perros, ¿sabías? Seguramente
hay una regla de oro entre tus amigas y tú: que si alguien habla
de la persona que le gusta antes que las demás, ha marcado su
territorio, y sin hacer pipí, claro, pero con la misma inseguridad
que sienten los perros cuando notan que pueden invadir su espacio.

nueve

Sas oriales

Quisiera pensar que somos muy diferentes a estas mascotas tan buena onda, pero no sólo somos muy parecidas, sino mucho más inferiores cuando se trata de nuestras intenciones. Los perros marcan su territorio porque está en su naturaleza animal, pero nosotras lo hacemos con las negras intenciones de creernos dueñas de otra persona que a lo mejor ni sabe que existimos.

Cuando se da el caso de que a varias, o por lo menos a una de tus amigas le interesa la misma persona, es hora de mostrar nuestros rasgos no animales y dejar que la amistad sea nuestra prioridad.

Si tu grupo de amigas son similares a ti —que es muy probable—, también es muy posible que tengan los mismo gustos, así que es necesario dejar en claro desde un principio que la decisión no será cosa de una, sino de la naturaleza. ¿Qué quiero decir con esto? Que hay que dejar que las cosas fluyan, no forzar nada y ser realistas; no es momento para fantasear.

Si notas que hay una química fuera de este mundo con quien te gusta, y tu amiga se enterca en querer marcar territorio, habla las cosas. Acuérdate de que las amigas merecen toda nuestra sinceridad. ¡Hasta las más tercas!

cuando

es más fuerte

y la pe

muy f

nte◄

el cariño
que la pelea...

lea es

uerte

Prepárate para sufrir si no estás dispuesta a ceder cuando estás enojada con una amiga. Acuérdate de que una gran amistad está hecha de **COMPRENSIÓN** y de **CERO ORGULLO**. Claro que es más fácil hacerle la ley del hielo, pero entre más pasen los días sin hablarse, será peor.

Nada se soluciona ignorando el problema, así que sé tú la que toma la iniciativa para hablar las cosas. Si tu amiga es la que llama primero, no se te ocurra hacerla esperar. ¿Para qué aumentar el conflicto?

Acuérdate de que cada cabeza es un mundo y lo que tú piensas que no es grave, para tu amiga quizá sí lo es, y al revés.

¡Perdonar es sanar!

Pide perdón aunque no hayas sido tú la que causó todo, porque de esta manera harás que tu amiga piense que la quieres tanto que eres capaz de culparte por algo que no hiciste con tal de contentarte con ella.

En ese instante, tu amiga soltará todo y te dirá: «¡No, perdóname a mí, yo tuve la culpa!». Y las cosas se arreglarán sin tener que especificar quién inició todo, es un poco como decirle a alguien: «Mira, ahí va un pájaro», y sin que se dé cuenta le robas una papa frita de su plato... Bueno, igual y no.

Si las cosas no se solucionan aunque tú hayas tomado la iniciativa, ¿por qué no tratas de ver las cosas desde su perspectiva? No es fácil, porque su manera de pensar tan diferente es lo que las llevó a discutir en primer lugar, pero la verdad es que hablando y hablando pueden llegar a entender cosas que no captaron al principio.

Muchas veces las peores peleas surgen de pequeños malentendidos. Hablando se entiende la gente, y las amigas son gente.

Si ya hiciste lo imposible
y nada está funcionando,
dale su espacio y
regresará, si no,
por lo menos sabes que
hiciste todo lo que
estaba en tus manos.

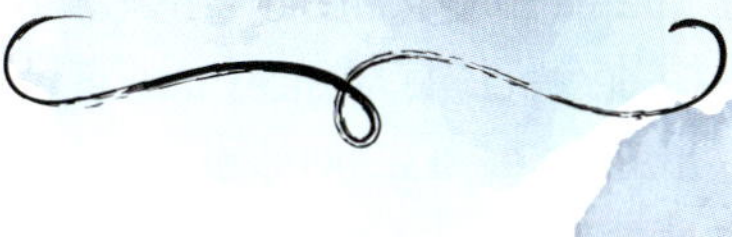

VEINTIUNO

La decepción

A veces, una de tus mejores amigas hace algo que nunca esperabas de ella. Es tan real que es algo humano, y es tan humano, que pasa. Cuando una amiga te decepciona, sientes que el mundo se acaba, que jamás volverá a ser igual, y aunque el mundo no se acaba en realidad, es muy probable que las cosas entre tu amiga y tú ya no queden como antes.

Todo lo que atraviesa por una crisis se transforma, y muchas veces es probable que quede mejor, aunque no lo creas.

Estarás pensando que estoy loca por decirte que lo más horrible que te ha pasado con tu amiga puede ser para bien, pero ponte a pensar, cuando el cariño es muy grande, de algo tiene que servir.

¿Cuáles son los beneficios de una decepción? Sí, leíste bien:

¡BENEFICIOS!

Primero que nada, ya salió a la luz algo que antes no podías ver y eso es ganancia, aunque duela. Muchas veces, si no es que todas, la culpa es nuestra porque nosotras escogemos a nuestras amigas, y es muy probable que tengamos expectativas muy altas en amigas que sabemos en el fondo jamás las van a cumplir y seguimos junto a ellas porque quizá son muy divertidas o tienen otras cualidades. Perooooooo... llega el día en que justo lo que esperábamos de una buena amiga ya no está, y a lo mejor la decepción es muy grande porque siempre supimos en el fondo que nos fallaría y nosotras mismas nos decepcionamos por esperar algo que nunca estuvo.

¿Me expliqué bien?

En pocas palabras, tu misma te decepcionas casi todas las veces, no son las personas. El problema es esperar algo de alguien más y no recibirlo.

Si de plano te robó, te quitó a tu pareja, habló fatal de ti a tus espaldas o publicó en sus redes sociales fotos tuyas muy desagradables, la decepción es de las que te deja inhabilitada, sin fuerzas para poder pensar las cosas y averiguar si existe algún tipo de resolución.

¿Qué crees? Esta clase de decepción es de las más fáciles de solucionar y de las que más te benefician. Es difícil aceptarlo, pero cuando lo digieres, te liberas de un gran peso:

Ahora, después de todo esto, tú eres más fuerte, tienes más conocimiento sobre las características de una verdadera amiga y sabes que desde un principio hay valores que no ameritan la pena sacrificar, como la lealtad. Es buen momento para cuestionarte porqué escoges amistades que probablemente te traicionarán en algún momento. ¿Tendrá algo que ver con tu autoestima? Sólo pregunto.

Veintidós

Amistades de familia

Hay amistades que buscas, otras que llegan y otras que ahí están desde hace años, disfrazadas de hermanas, abuelas, primas, tías, cuñadas y mamás.

la amistad con la familia es el cariño más grande que existe en el Universo. Es como disfrutar de una buena comida y un riquísimo postre en una misma sentada.

Mamá-amiga

Jamás encontrarás a una amiga que te diga las cosas con tanto cariño como las dice tu mamá, pero siempre habrá un instante en que esa amiga tan dulce y cariñosa se transforme en tu madre otra vez.

Las mamás que son amigas son seres muy inteligentes, saben manejar los dos papeles a la perfección, y qué bueno, la verdad, porque si no fuera por esa habilidad de hacer muchas tareas a la vez, nunca les confiaríamos nada.

Tu mamá te dará los mejores consejos, y cómo no, si ella te trajo al mundo; pero rara vez le harás caso, porque es tu mamá y ésa es la ley de la vida. Sin embargo, años después te darás cuenta de que tuvo razón en todo, pero será muy tarde y habrás aprendido la lección de la mejor manera, que es a base de lágrimas y varios golpes, uno tras otro.

Aunque ella se dé cuenta de que para ti sus consejos son inútiles, jamás se dará por vencida, te seguirá dando los mejores consejos mientras viva, y seguirás sin hacerle caso; sin embargo ella siempre estará para ti, y tú seguirás llamándola en tus peores y más felices momentos.

Mi mamá-amiga: Blanca.

Madre sólo hay una.

Hermana-amiga

la hermana-amiga es una arma de dos filos: te quiere tanto que será tu cómplice en muchas cosas, pero cuando menos te lo esperes saldrá a la superficie su instinto protector y se opondrá a muchos de tus planes más emocionantes. No lo puede evitar, es un reflejo, así como cuando la doctora te pega en la rodilla y se levanta tu pierna involuntariamente. ¡Pero igualmente reaccionará si ve algún tipo de injusticia hacia tu persona! la amistad de una hermana funciona como un comodín, sirve para todo, está para ti en el momento en el que la necesitas y hasta cuando no la necesitas.

Tener una hermana-amiga es como tener órganos extras, como un cerebro alterno y un corazón de más; un cuerpo entero a tu disposición, como una llanta de repuesto en tu coche. Cuenta con ella para darte la opinión más sincera sobre cómo se te ve un vestido, pero prepárate para no escuchar lo que tú quieres, porque ella será extremadamente exigente contigo, como lo es con ella misma, como lo eres tú contigo misma.

Mis hermana-amigas: Blanca y Sabrina.

Todo lo que te diga tu hermana es de corazón y no lo puedes tomar a mal, así que aguántate, porque están unidas de por vida, aunque vivan lejos.

Abuela-amiga

Es la evolución máxima de la amistad. Si tienes amistad con alguna de tus abuelas, o con las dos, ¡has ganado la lotería!

Es como tener incondicionalmente y a la mano toda la sabiduría de la vida y, además, no existe una mejor confidente. Nadie guardará un secreto como tu abuela, ¡nadie!

Nadie sabe más que ella sobre el amor. Tu abuela será la única en tu familia que realmente te entenderá, ¡hasta en las situaciones más *incoherentes*!

Mis abuela-amigas: Meme y Mamela

Tu abuela siempre sabrá **exactamente** de qué estás hablando y tendrá las palabras perfectas para ti.

Prima-amiga

Son como amigas, pero con más ventajas. ¡Son tus cómplices al cien por ciento! Son igual de divertidas que una amiga, pero traen ese pedazo de parentesco que las une a ti aún más.

Son como hermanas extra, porque aunque tengas hermanas, las primas lo saben hacer mejor (a veces). Son el punto exacto donde se conectan la amiga y la hermana. Pueden compartir un espacio sin tener que hacer o decir absolutamente nada y se dicen todo con la mirada. Hay algo muy especial en una prima-amiga, y es que se llevan por ósmosis. Sin darse cuenta son amigas y, sin saberlo, son hermanas.

Mis prima-amigas: Martha, Paulina, Susú, Vene, Ceci, Ximena y Elena (nuestro chat se llama Vips, no por importantes, sino por el café y la Coca de dieta).

Son amor puro, sin interés y sin fechas.

Tía-amiga

Una tía-amiga es única. la amistad con una de tus tías va más allá de lo especial, pues es completa en todos los sentidos.

Imagínate: es una versión de tu mamá, pero mucho más divertida y flexible. Es una versión de tus primas, pero mucho más madura y sabia. Una tía-amiga es lo mejor de los dos mundos.

las tías vienen a este mundo para ayudar, apoyar y ser alcahuetes de vez en cuando. Si alguien sabe realmente quién te conviene en el amor, es tu tía, hasta es muy probable que sea ella quién te presente a tu futura pareja.

Mis tía-amigas: Sandra, Malena y Ceci (ninguna de ellas me presentó a mi esposo, pero si lo hubieran conocido antes que yo, seguro lo hubieran hecho).

¿Quieres probar algo nuevo y no estás segura? ¡Pruébalo con tu tía!

¿Has hecho algo y no sabes cómo decírselo a tus padres? ¡Cuéntaselo a tu tía!

Cuñada-amiga

Éstas no se dan tan fácilmente, porque siempre se interpone quien las hizo cuñadas, ya sea el hermano, la hermana, o la pareja. Es decir, siempre habrá alguien en medio, pero poco a poco, y silenciosamente, las cuñadas empiezan a estar de tu lado en casi todos los temas.

Una cuñada-amiga te da toda la confianza para hablar de todo lo *malo* que tienes que decirle sobre su hermano; o si eres tú la hermana, la cuñada-amiga siente toda la confianza para hablarte pestes de tu hermano, aunque no siempre te va a parecer.

De vez en cuando tendrán sus roces territoriales, pero cuando existe una verdadera amistad, hacen todo lo posible por volver a la tranquilidad, ¡por el bien de todos! Siempre hay que llevarla bien con ellas porque son tus mejores aliadas en los momentos cruciales entre tu pareja y la familia. Son el común denominador.

Se dan casos de excuñada-amigas, pero el "ex" es sólo por parte de cuñada, porque la amistad puede seguir, ya que compartieron un cariño muy especial por la misma persona.

Mis cuñada-amigas: Blasi, Natalia y Mamen.

Mi excuñada-amiga: Dagmar.

Son las mejores tías para tus hijos y tú la mejor tía para los suyos porque las dos quieren mantener la fiesta en paz.

el sexto sentido de los papás

(o no)

lo más seguro es que todas tus amigas le caen bien a tus papás, pero en raras ocasiones habrá alguna amiga medio rebelde que no logran digerir en tu casa, y ¿te digo una cosa? ¡Por algo será!

No hay nadie en este universo que te conozca mejor que tu papá y tu mamá... bueno, hay excepciones, pero normalmente así es. A nadie en este mundo le puedes preocupar más que a tus padres, y nadie te quiere ni la cuarta parte de lo que te aman ellos. Sabiendo todo esto, ¿tú crees que si te dicen que no les gusta cierta amiga tuya, lo hacen porque lo único que quieren es fastidiarte? Créeme, tus papás tienen demasiadas cosas que hacer como para tomarse el tiempo en temas que no tienen importancia.

¿Sabías que una «mala» amistad puede cambiarte para mal tan rápido como cuando te pasas de sal en una receta?

Imagínate para tus padres, que llevan años tratando de formar al mejor ser humano que ha existido en la Tierra, lo terrible que es que llegue alguien y con la mano en la cintura eche toneladas de sal a su creación.

En el caso de que tu amiga sea realmente especial y sabes que su esencia es buena, quizá la solución es que tus papás la conozcan mejor; en una de esas se encariñan y comprenden por qué te gusta juntarte tanto con ella.

Los papás casi siempre tienen la razón, pero también puede ser que los tiempos hayan cambiado tanto que no logran entender ciertos comportamientos que son buenos, pero parecen *malos*.

Échale una mano a tus papás si son medio antiguos e inscríbelos a un canal de YouTube que los ponga al día en las tendencias.

Lo más seguro es que tú sabes en el fondo si tu amiga te conviene o no, así que no te pongas terca si ellos tienen razón, la que saldrá perdiendo al final, serás tú y tendrás que lidiar por el resto de tu vida con el molestísimo «Te lo dijimos» de tus padres.

¿Y si tú eres la que no le cae bien a los papás de tus amigas? ¿Qué harías para ganártelos?

Escribe aquí tus ideas:

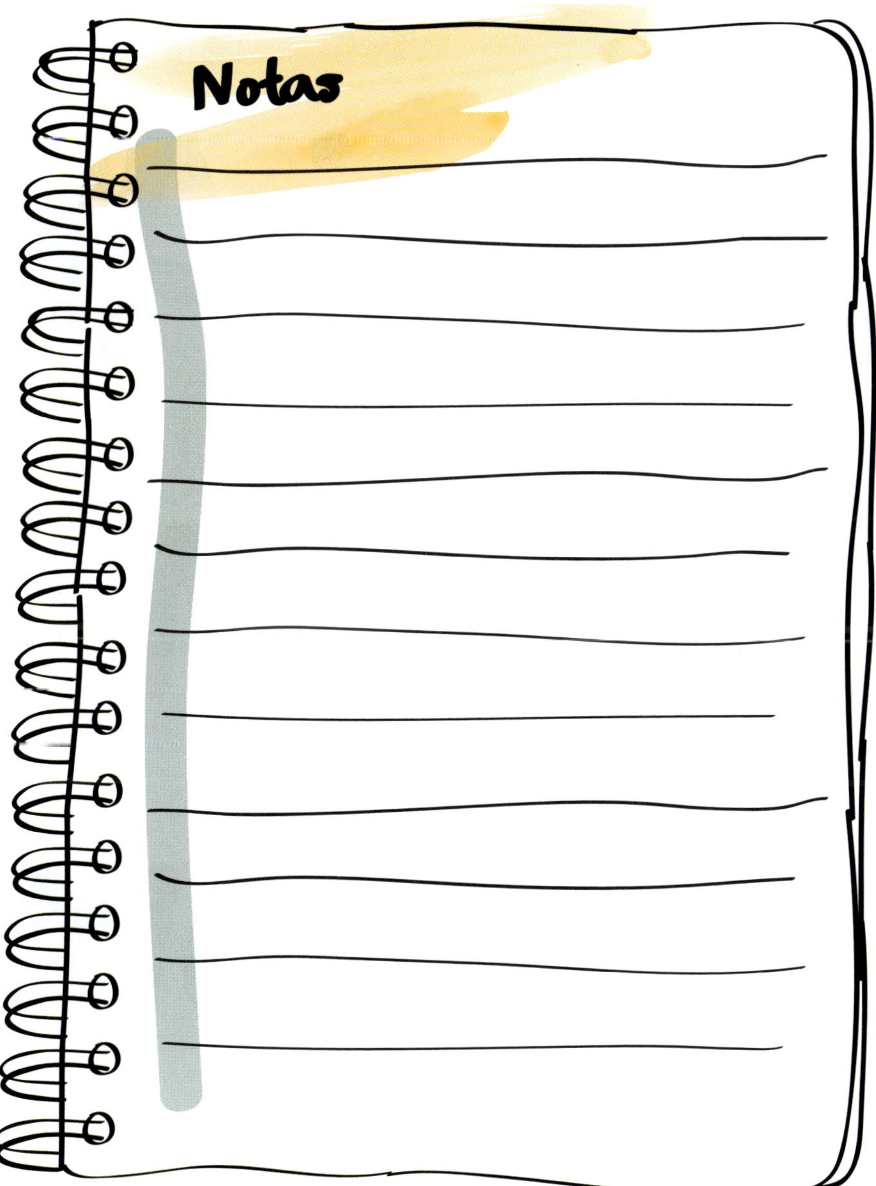

reint
¿Am
sin c
denomi

...igas
...omún
...nador?

No siempre se necesita tener mucho en común con alguien para que tengan una gran amistad. A veces, ser amiga de alguien que es completamente diferente a ti, con intereses del todo distintos a los tuyos, puede ser una de las relaciones más emocionantes que tengas en la vida, o no.

Todos los retos te dejan una enseñanza, y lo mismo pasa con las amistades que te ofrecen puntos de vista diferentes a los tuyos. Cuantas menos cosas en común tengas con una amiga, más puedes aprender de sus experiencias. Pero claro, seguro que tienen algo en común, por más invisible o insignificante que parezca. Quizá tengan una filosofía de vida muy parecida, o las dos creen en la astrología, por ejemplo. Alguna energía las unió, y yo pienso que si es algo que no pueden ver a simple vista, seguramente es mucho más profundo, lo cual creará un vínculo mucho más duradero.

Si no tienes amigas diferentes a ti, seguramente ya te dieron ganas de salir al mundo y conocer a tu completo opuesto.

¿Por qué no vas a un lugar al que normalmente no irías? A lo mejor ahí está tu alma gemela.

VEINTICINCO

La lucha de «soltar»

«Tener varias relaciones a la vez, y llevarlas perfectamente bien, es casi imposible». No es fácil tener un grupo de amigas y nunca tener problemas, pero ¿quién dijo que no existen los problemas en una amistad? Lo importante es saber solucionar cada uno de los conflictos a tiempo y con total sinceridad.

No puedes hacer felices a todos, porque es muy probable que tú acabes por sentirte infeliz. Una de las cosas más complicadas de manejar es la situación con tus amigas y tu pareja, sobre todo cuando tu pareja no le cae bien a tus amigas o tus amigas no quieren a tu pareja, que al final casi siempre es mutuo.

Vamos a ver: todos somos seres independientes, nadie le pertenece a nadie y todos tenemos derecho a opinar cuando se trata de la vida de una amiga a la que queremos mucho, pero una opinión es sólo eso, una opinión. A la hora de la hora, quien decide es la persona que está en medio de todo.

Es normal separarte un poco de tus amigas cuando estás empezando una nueva relación, primero porque se trata de una novedad y a tus amigas ya las conoces de sobra. Segundo, porque a esa persona que acaba de entrar en tu vida, le interesas tú y sólo tú, y eso significa que por el momento las amigas no son parte del paquete, y viceversa. Sin embargo, no hay que entrar en pánico, no sé si te has fijado que usé las palabras: «empezando», «novedad», y «por el momento»; todas hacen referencia al tiempo.

Hay que darle su espacio a cada cosa, vamos a llamarle el **periodo de ajuste**, lo cual quiere decir que en algún momento tendremos que regresar a la *normalidad*, es decir, mantener relaciones equitativas con todas las personas involucradas, aunque sabemos que la pareja es **la pareja**.

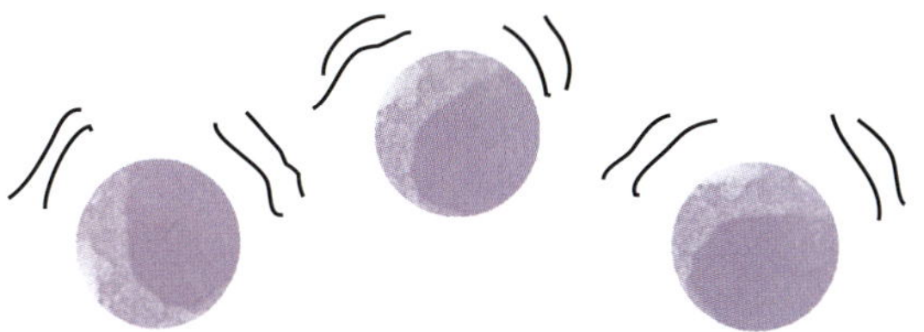

La cosa es saber balancear así como un malabarista. Parece fácil, pero implica trabajo, como todo lo que vale la pena.

Estos son 5 tips para mantener la armonía en tus diferentes relaciones, todas a la vez.

1 Comunicación

Lo más seguro es que lleves más tiempo conociendo a tus amigas que a tu nueva pareja, por lo mismo sientes mucho más confianza con ellas. Déjales saber que lo último que quieres es que ellas se sientan olvidadas, así que si en algún momento tú no les haces nada de caso, que te lo digan inmediatamente. Tus amigas te van a comprender porque ellas seguramente ya han estado en el mismo lugar que tú y saben muy bien qué chicharrones truenan más (por el momento).

Al igual que platicas con tus amigas, también es justo y necesario que lo hagas con tu pareja. Exprésale lo importante que son tus amigas para ti y que no quieres dejar de verlas sólo porque tienes pareja. Obviamente te entenderá, porque él también tiene amigos y es muy probable que al tocar el tema le hayas quitado un peso de encima. Si se molesta contigo y sientes que no te apoyará con tus amigas, más vale pensar dos veces si quieres estar en una relación posesiva. No hay mejor momento para terminar algo que no te parece, que cuando ves la primera señal.

 # Días específicos

Es bueno organizarse, pero sin que haya tanta formalidad en el asunto; se trata simplemente de poner días para las amigas y días para la pareja, o un día para la pareja y ¡¡¡varios días para las amigas!!!

Cuando observas que se acerca una fecha específica en el calendario para alguien especial, te da más ilusión y te quitas el estrés de tener que escoger si de repente todos quieren pasar tiempo contigo en el mismo día. Nadie se puede quejar si saben que tienen su día garantizado contigo. Esto será al principio, mientras todo se estabiliza. Créeme que después de un rato, es muy probable que de repente te toque a ti estar del otro lado.

3 Cumple con tu palabra

No se te vaya a ocurrir cambiar la jugada a la mera hora, ya sea con tus amigas o con tu pareja. Si quedas en una noche de amigas y de repente te llama tu pareja para ir al cine y las dejas plantadas, ellas tendrán toda la razón por estar muy molestas contigo. Lo que les estás dando a entender es que no son importantes para ti y que no tienes el carácter suficiente para decirle a tu pareja que ya tenías planes. ¡Esto no es bueno para nadie! ¿Consecuencia? Tus amigas quizá la piensen dos veces cuando las necesites y tu pareja sentirá que tiene poder sobre ti en el momento que se le antoje.

Siempre sé derecha y da el lugar que se merece cada una de las personas que siempre están para ti. Hay excepciones, por ejemplo, si quedas con tu pareja y de repente una de tus amigas necesita que la lleves al doctor porque está sola y se siente fatal, los planes pueden cambiar. Eres muy inteligente y estoy segura de que sabrás distinguir entre una emergencia y un tremendo plantón.

 4 Perdona y pide perdón

Dicen que el perdón sana, y es verdad. No hay nada más horrible que cargar con un sentimiento de culpa. Todos sabemos que el ego es muchas veces lo que nos frena para pedir perdón. Hay dos cosas que no caben en una amistad ni en una relación de pareja: el ego y la traición.

Nunca es tarde para pedir perdón, y cuando es tu amiga o tu pareja quien te ofrece disculpas, también tienes que deshacerte del ego. Acuérdate de que las amigas y las parejas nos apoyamos en los momentos más difíciles, y cuando una amiga se arma de valor para pedir perdón debes darle otra oportunidad.

PERDÓN

 5 Flexibilidad

Todo puede pasar: ¡todo! O nada puede pasar, aunque eso la verdad es muy raro, porque siempre pasa algo. Lo que quiero decir con esto es que no seas cerrada ni terca en los planes que surgen de improviso. ¡No puedo creer que yo estoy dando este consejo, cuando me dan ataques de pánico si se rompe mi rutina diaria!

Lo más divertido de una relación es cuando se comparten los momentos espontáneos, los que no tenemos agendados. Cuando te llama tu amiga para ir a tomar un café y tú estás viendo una película sola en tu cama (deliciosamente), lo más seguro es que no quieras ni moverte, pero puedes ver esa película cuando quieras y a una amiga sólo cuando se da la oportunidad, y ninguna oportunidad es igual, todas son únicas. Si te ves hábil, puedes matar dos pájaros de un tiro y hacer el intento de jalar a tu amiga a tu plan, pero eso significaría que no estás dispuesta a ser flexible, y se trata de tu amiga, no de ti.

Hacer pequeños esfuerzos, como dejar una película en pausa por salir a tomar un café con tu amiga, siempre da buenos resultados y le demuestras a tu amiga que valoras su compañía. Si de plano no hay fuerza humana que te saque de tu cama, invítala y dile que le debes una. Acuérdate de nuestro tip número 3: «Cumple tu palabra».

Cuando se trata de una relación romántica, la flexibilidad es una de las cosas más importantes porque siempre tendrán a las familias de por medio. Habrá días en los que no se te antoje para nada pasar un domingo con toda la familia política, pero recuerda que aunque seas número uno en la vida de tu pareja, existen personas que la conocían antes que tú, y que incluso llevan toda una vida viviendo bajo el mismo techo. Así que pon tu mejor cara y verás que al final del día esa sonrisa dejará de ser un esfuerzo y esa persona especial y tú lograrán unirse más, sólo por aceptar una invitación que no tenías como prioridad.

es una palabra bonita para una relación de pareja y de amistad.

veintiséis

el factor «confianza»

No hay opción, es imprescindible tener completa confianza en una amiga, tanta, que yo más bien la llamaría **Fe**. Si no tienes la tranquilidad de que tu amiga jamás hablará mal de ti a tus espaldas, o que te dará la espalda, o que hará cualquier cosa que tenga que ver con tu espalda, entonces no es tu amiga. Una amiga debe respetar absolutamente todo lo que le confías, eso ni siquiera debería ser cuestionable.

Hay tres señales que indican si una amiga es digna de tu confianza:

1. **Nunca subiría una foto tuya a sus redes sociales sin antes pedir tu aprobación.**

2. **Jamás consideraría salir con el niño/niña que te gusta si antes tú le has hecho saber que te encanta.**

3. **No habla mal de otros a sus espaldas (porque si lo hace con otros, es muy probable que lo haga contigo).**

veintisiete

el factor «chismosa»

¿Para qué hablar mal de los demás? Si alguna de tus amigas habla mal de ti cuando tú no estás, no es tu amiga, y punto. Las amigas nos decimos todo a la cara, sobre todo lo *malo*. Si tu amiga te manipula o te hace actuar de una manera que te incomoda, tampoco está siendo tu amiga. Todas en algún momento de nuestras vidas hemos sido un poquito chismosas, pero eso no quiere decir que esté bien. No caigas, ¡por favor! A veces, cuando decimos cosas negativas sobre alguien más, eso nos hace extrañamente sentirnos mejor con nosotras mismas, pero nos dura muy poco tiempo, y si eres un ser humano con un mínimo de bondad, inmediatamente te arrepientes. Es el efecto «Comida Chatarra». ¿Nunca te ha pasado que comes algo que al instante te hace sentir mejor, pero que a los pocos minutos de terminar te sienta fatal?

Si sabes lo mal que se siente, estoy segura de que no lo querrás repetir.

Cuando te encuentres en una situación en la que estén hablando mal de una de tus amigas, no seas sólo espectador: ¡haz algo! Si no, igual y te da el efecto «Comida Chatarra» sin siquiera haber abierto la boca.

Hay otras maneras de sentirnos mejor con nosotras mismas, como ser leales y rodearnos de amigas igual de honestas.

El simple hecho de **retractarte** de un mal comentario, que sólo hará daño, te hará sentirte muy bien y te quedará un buen sabor de boca, si sabes a lo que me refiero.

reint

el ta

«poner el

IDCHD «

CTOR

CUERNO»

¿A poco crees que no existe tal cosa como la infidelidad a una amiga? Claro que existe, es exactamente lo mismo que en una relación amorosa, es más, la amistad es una relación amorosa y a veces hasta más fuerte que la de una pareja. ¿Por qué? Porque lo que une a las amigas es la esencia de cada una ¡y eso es fuerte! La que pone el cuerno en una amistad no es la que tiene otras amigas; ser infiel es más como ser hipócrita o no ser derecha. La **lealtad**, como ya lo dije anteriormente, es una prioridad para una buena amistad, y si no eres clara, no estás siendo leal. Ser amiga se trata de estar presente —y no tiene que ser físicamente—, también lo puedes estar de corazón, pero asegúrate de demostrarlo. Ser fiel en una amistad significa ser parte de los momentos no tan divertidos, así como en los momentos más felices.

En pocas palabras, hay que entrarle de lleno, como en un compromiso.

Aquí tienes un contrato para que tu amiga más especial y tú lo compartan. Está duplicado para que ambas lo firmen. Recórtenlos y que cada una se quede con la copia de la otra.

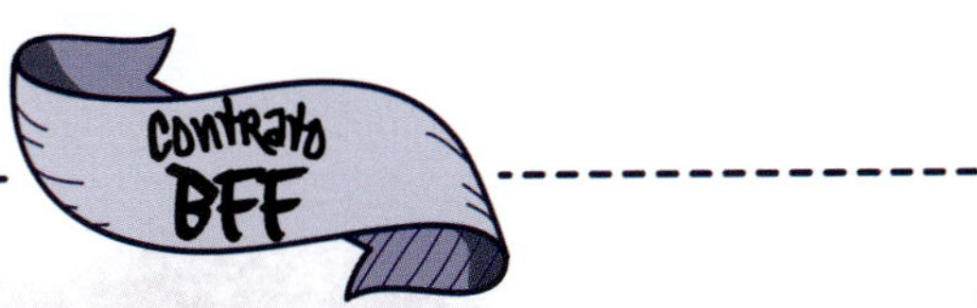

Yo, _______________________, te tomo a ti, _______________________

como amiga para toda la vida,
en las buenas y en las malas,

hasta que la muerte nos vuelva a reunir en el más allá.

100% amistad
forever
auténtica
hablando
sola.

____
Firma

Yo, _______________________, te tomo a ti, _______________________

como amiga para toda la vida,
en las buenas y en las malas,

hasta que la muerte nos vuelva a reunir en el más allá.

100% amistad
forever
auténtica
hablando
sola.

____
Firma

el factor «gratitud»

En realidad, la amistad se trata justo de reconocer todas las cosas buenas que hacen tus amigas por ti y hacérselos saber. En una verdadera amistad, nadie hace las cosas por reconocimiento, pero se siente muy bonito cuando te dan las gracias sin esperarlo. Es un gran detalle decirle a tu amiga cuánto la aprecias en un día normal, sin que sea su cumpleaños o el día del amor y la amistad. Las amigas especiales se merecen estas *minicelebraciones* inesperadas de cariño, porque aunque parezca que la amabilidad incondicional viene en el paquete de amistad, no es tan común.

Digamos que está latente, pero no la desarrollamos todas. ¡Me incluyo!

Aquí tienes una pequeña carta-compromiso para que te acuerdes siempre de ser agradecida con esos seres tan especiales llamados amigas. Recórtala y ponla en un lugar en el que siempre la veas.

(No hay nada más feo que no ser buena onda con una amiga)

De ahora en adelante me comprometo

a valorar a mis mejores amigas diciéndoles lo

mucho que las quiero con detalles especiales

en los momentos que menos se lo esperen.

Juro que no dejaré pasar mucho tiempo

sin darles las gracias por ser como son conmigo.

Fecha: _______________________________

Nombre: _______________________________

Firma: _______________________________

TREINTA

Frases de amistad

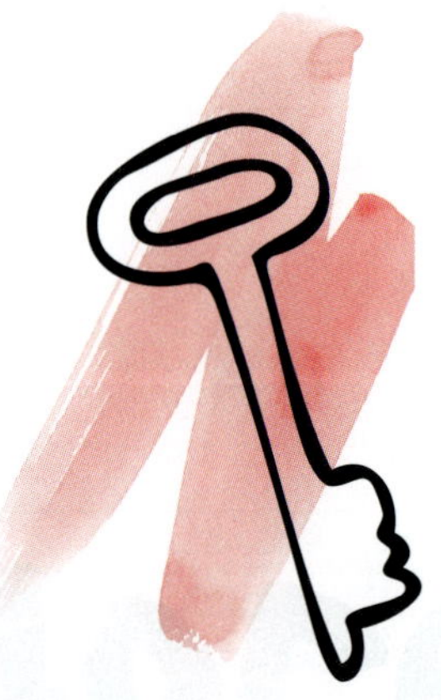

Las amigas NO se pierden, ni que fueran llaves.

Las amigas se encuentran así, como cuando metes la mano en un pantalón viejo y ¡sacas inesperadamente dinero del bolsillo!

Las amigas hablamos de todo, todo el tiempo, todos los días, toda la vida.

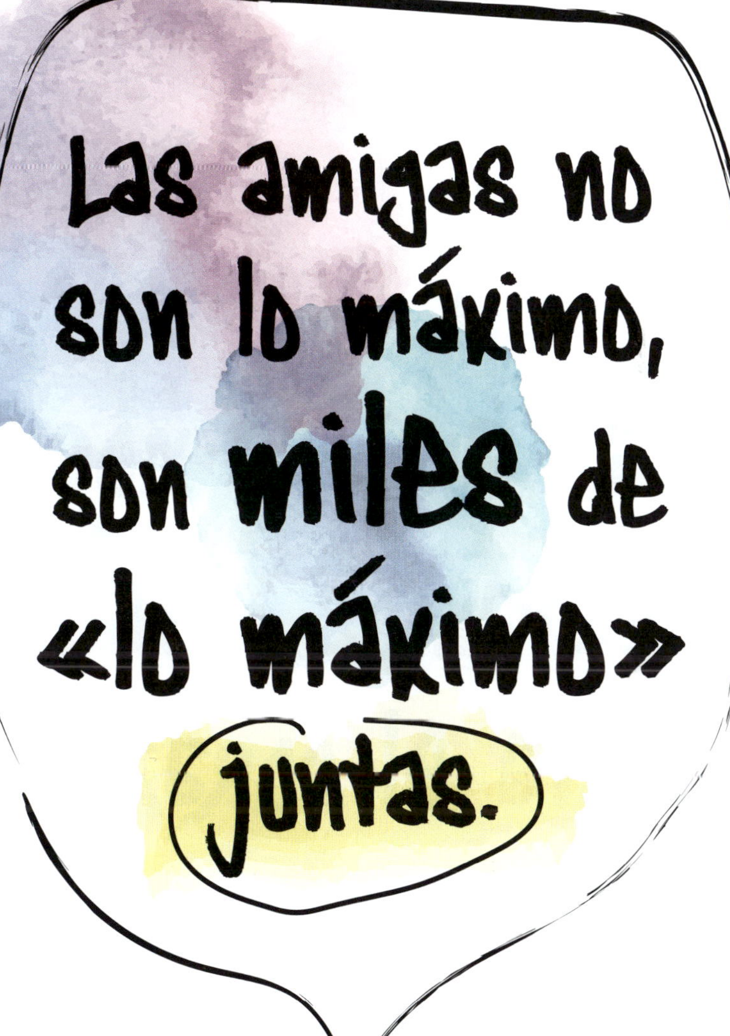
Las amigas no son lo máximo, son miles de «lo máximo» juntas.

Las amigas nos prestamos **todo**, hasta el corazón cuando a una se lo rompen.

Una verdadera amiga te llama por teléfono justo cuando la necesitas, es, algo como magia: nadie se lo puede explicar.

Las amigas hacen planes que luego no cumplen porque se divierten tanto planeando, que ya no necesitan nada más.

Las amigas no deben dar explicaciones cuando no tienen ganas de hacer algo, se les apoya, y punto. A menos que sea ir a su propia fiesta sorpresa de cumpleaños, entonces se hace todo lo posible para convencerlas.

Quizá este
libro no debería
terminarse
nunca, porque la
amistad es así:
eterna.

¿Qué sería de ti sin tus amigas, o de ellas sin ti?

Acepta que, por más increíble, inteligente e independiente que seas, no puedes sobrevivir sin amigas. ¡Acéptalo!

Los amores van y vienen, pero las amigas pueden ser tus compañeras toda la vida. Obviamente habrá algunas temporales, pero no significa que no fueron buenas o que no tuvieron una misión en tu vida, o tú en la de ellas. No hay amiga que llegue sin una buena razón.

Playlist de amigas que hablan solas

- Bette Davis Eyes: Kim Carnes

- This girl is on fire: Jessica Mears

- Can't Take my eyes off of you: Tina Charles

- Killing me Softly: Roberta Flack

- Save the Last Dance for Me: Michael Bublé

- Con olor a Hierba: Emanuel

- Under Pressure: Queen

- Liztomania: Phoenix

- Fuerza del destino: Mecano

- Dancing queen: Abba

 Blackbird: The Beatles

 Talk of the Town: Pretenders

 If You Were Here: Thompson Twins

 Follow you follow me: Genesis

 Suspicious Minds: Elvis Presley

 Now we are free: Lisa Gerard

 Delirio: Luis Miguel

 Canta Corazón: Alejandro Fernández

 Bendita tu luz: Maná

 Beyoncé .... todas, en especial las bailables

 Money on my mind: Sam Smith

 Calma: Pedro Capó

 Love of my life: Queen

🟢 Bombón: Rosal

🟢 Locos: León Larregui

🟢 Ojos Color Sol: Calle 13/Silvio Rodríguez

🟢 Dreams: The Cranberries

🟢 Me voy: Julieta Venegas

🟢 Hoy ten miedo de mí: Fernando Delgadillo

🟢 No puedo vivir sin ti: Coque Malla

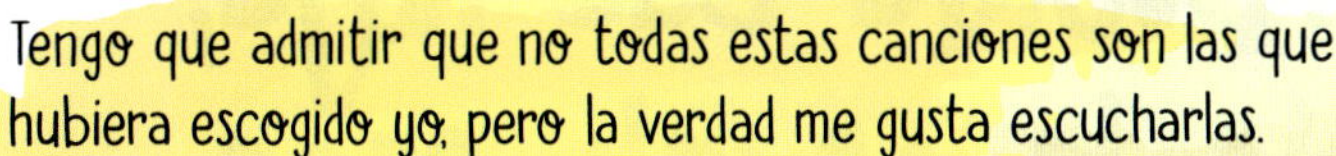

Tengo que admitir que no todas estas canciones son las que hubiera escogido yo, pero la verdad me gusta escucharlas.

Es un poco como cuando alguien te regala algo y sabes que nunca te lo hubieras comprado, pero te gusta.

Pienso que la música es un lazo mundial y no sólo nos une, también sana heridas, al mismo tiempo que las abre.

Pero al final una canción que te transporta a un momento especial es como una amiga fiel que te recuerda quién eres y todo lo que eres.

Escucha este *playlist* de mis amigas, que son tus amigas también y disfruta de un regalo que no escogiste, pero que seguro te va a gustar.

Recorta esa hoja,
te la regalo para
que la enmarques
y decores un lugar
especial con estas
palabras.
No se te olvide
que tú eres la
mejor amiga
que puedes tener.

Y que la Amistad es una Oportunidad.

LA AMISTAD Y LO QUE ES

Si te das cuenta, la única que estará contigo toda la vida eres tú y lo mejor que puedes hacer es ser amiga tuya; la mejor.

TREINTA Y UNO

Dany y sus amigas

Actividad favorita:

Dormir de cucharita con mis hijos.

Libros con los que alucina:

El libro de la nada (Hsin Hsin Ming) de Osho.

Película que la vuelve loca:

Onegin, de la directora Martha Fiennes (no se las cuento, tienen que verla).

Canciones con las que baila, llora, canta, etcétera:

Can't take my eyes off of you, de Tina Charles; *Killing me softly*, de Roberta Flack; *Save the last dance for me*, de Michael Bublé; *Con olor a hierba*, de Emanuel; *Under pressure*, de Queen.

Cuando nadie la está viendo:

Se pone a actuar en su casa como si estuviera en una serie de televisión.

Actividad favorita:

Estar con amigas, porque así piensa que todavía es pequeña.

Libros con los que alucina:

Palmeras en la nieve, de Luz Gabás.

Película que la vuelve loca:

El secreto de sus ojos, dirigida por Juan José Campanela.

Canciones con las que baila, llora, canta, etcétera:

Todas las de Joaquín Sabina, no por cómo canta, sino por lo que canta.

Cuando nadie la está viendo:

Se queda pensando como una tonta. Piensa y piensa. Y a veces (esto es horrible) ve programas del corazón; los ve con el volumen muy bajito por si llega alguien a casa, y si eso pasa, cambia el canal rápidamente para aparentar que ve documentales de animales.

Actividad favorita:

Ir a conciertos, bailar y comer.

Libros con los que alucina:

Hablando sola, primera edición, porque ahí sale.

Película que la vuelve loca:

Los Goonies, *Mi bella dama* y *Mary Poppins*.

Canciones con las que baila, llora, canta, etcétera:

Liztomania, de Phoenix; *La fuerza del destino*, de Mecano; *Dancing queen*, de Abba; *Blackbird*, de The Beatles; *Talk of the town*, de Pretenders; *If you were here*, de los gemelos Thompson.

Cuando nadie la está viendo:

Se agarra a besos con su marido (o busca ofertas).

Actividad favorita:

Salir de casa con la familia.

Libros con los que alucina:

Una nueva tierra, de Eckhart Tolle.

Película que la vuelve loca:

Beso francés, de Lawrence Kasdan.

Canciones con las que baila, llora, canta, etcétera:

Follow you follow me, de Genesis; *Suspicious minds*, de Elvis; *Now we are free*, de Lisa Gerard; *Delirio*, de Luis Miguel; *Canta corazón*, de Alejandro Fernández.

Cuando nadie la está viendo:

Canta, baila y se echa porras.

Actividad favorita:

Viajar, bucear, caminar, estar con su familia, con sus perros, los animales y naturaleza.

Libros con los que alucina:

El Principito, dé Antoine de Saint-Exupéry.

Película que la vuelve loca:

Azul, de la trilogía Tres colores, de Krzysztof Kieslowski y *El rey león*.

Canciones con las que baila, llora, canta, etcétera:

Depende de su estado de ánimo.

Cuando nadie la está viendo:

Arregla cajones. Se depila las cejas y se quita los puntos negros de la cara.

Sylvana

Actividad favorita:

Leer revistas de moda, cocina y decoración. Manualidades y todo lo que sea usar la imaginación.

Libros con los que alucina:

Los cuatro acuerdos, de Miguel Ruiz.

Película que la vuelve loca:

Mar adentro, de Alejandro Amenábar.

Canciones con las que baila, llora, canta, etcétera:

Bendita tu luz, de Maná; de Beyoncé... todas, en especial las bailables; *Money on my mind*, de Sam Smith; *Calma*, de Pedro Capó; *Love of my life*, de Queen.

Cuando nadie la está viendo:

Hace algo para ella, algo que le guste, que le llene el corazón y el alma. Piensa y deja volar la imaginación. Inicia un nuevo proyecto o reflexiona sobre cómo mejorar sus emprendimientos.

Actividad favorita:

Dibujar y tomar fotos.

Libros con los que alucina:

Charlie y la fábrica de chocolates, de Roald Dahl.

Película que la vuelve loca:

Roma, de Alfonso Cuarón.

Canciones con las que baila, llora, canta, etcétera:

Always something there to remind me, de Naked Eyes; *A little respect*, de Erasure; *Eres*, de Cafe Tacvba; *Call me*, de Blondie; *Conjure dreams*, de Maceo Plex.

Cuando nadie la está viendo:

Se acuesta en su cama, vestida, en posición de estrella de mar.

Actividad favorita:

Cocinar.

Libros con los que alucina:

El extranjero, de Camus.

Película que la vuelve loca:

Grandes esperanzas y *La delgada línea roja*.

Canciones con las que baila, llora, canta, etcétera:

Bombón, de Rosal; *Locos*, de León Larregui; *Ojos color sol*, de Calle 13 y Silvio Rodríguez; *Dreams*, de The Cranberries, y *Me voy*, de Julieta Venegas.

Cuando nadie la está viendo:

No hace nada, observa y absorbe su entorno.

Escribe aquí las cosas que te gustan.

Actividad favorita:

____

____

Libros con los que alucinas: ____________

____

____

Película que te vuelve loca: _____________

____

____

Canciones con las que bailas, lloras, cantas, etcétera:

____

____

Cuando nadie te está viendo:

____

____

____

Ahora escribe también las cosas que le gustan a tus mejores amigas.

Actividad favorita:

____

____

Libros con los que alucina: _______________

____

____

____

Película que la vuelve loca: _______________

____

____

____

Canciones con las que baila, llora, canta, etcétera:

____

____

Cuando nadie la está viendo:

____

____

____

Actividad favorita:

Libros con los que alucina:

Película que la vuelve loca:

Canciones con las que baila, llora, canta, etcétera:

Cuando nadie la está viendo:

Actividad favorita:

Libros con los que alucina:

Película que la vuelve loca:

Canciones con las que baila, llora, canta, etcétera:

Cuando nadie la está viendo:

Esta obra se terminó de imprimir en junio de 2019
en los talleres de Editorial Impresora Apolo, S.A. de C.V.
Centeno 150-6. Col. Granjas Esmeralda. 09810. Ciudad de México.